Livre de Coloriage Animaux Marins

AF442126

Tous droits réservés © 2020 par Bee Art Press

Ce livre ou toute partie de celui-ci ne peut être reproduit ou utilisé de quelque manière que ce soit sans l'autorisation écrite expresse de l'éditeur, à l'exception de l'utilisation de brèves citations dans une critique de livre.

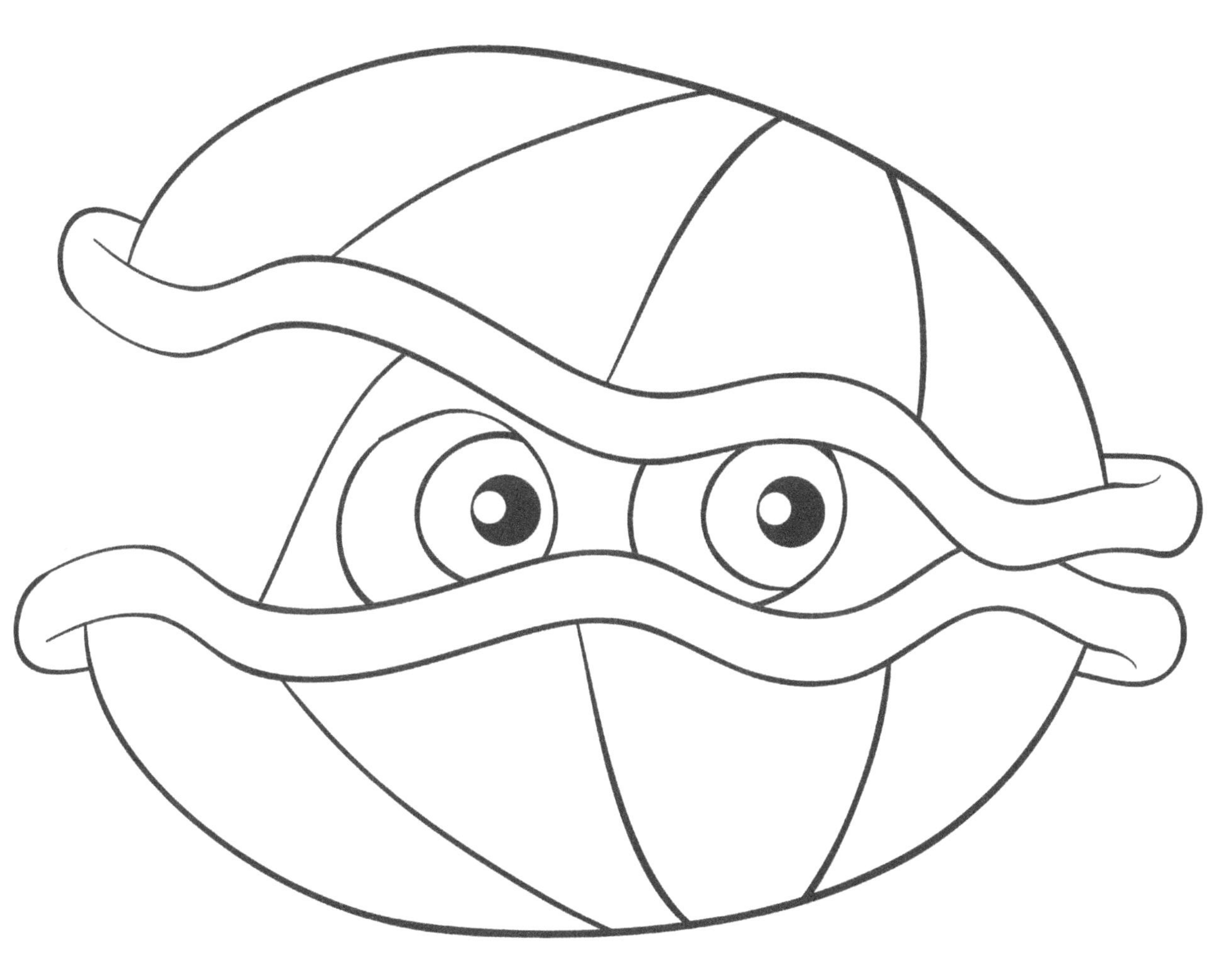

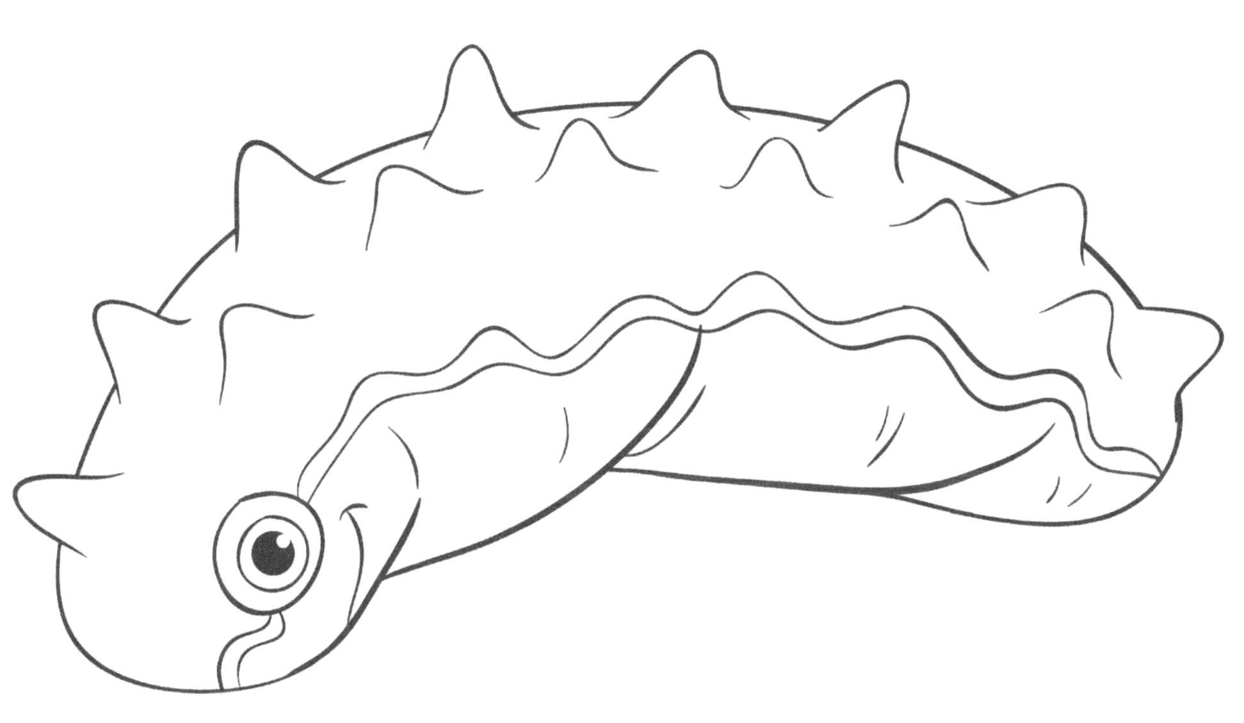

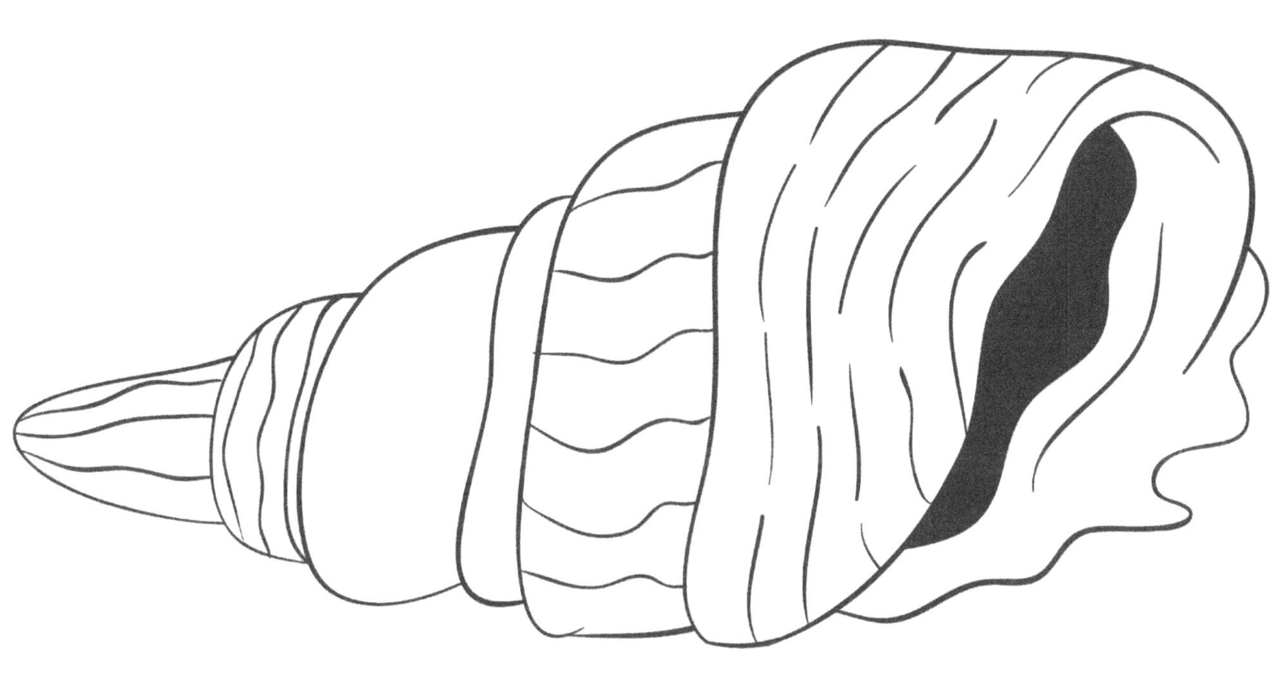

www.ingramcontent.com/pod-product-compliance
Lightning Source LLC
Chambersburg PA
CBHW080716120726

48001CB00010B/3038